মাঝরাত

দেবমাল্য ঘোষ

Copyright © Devmalya Ghosh
All Rights Reserved.

বুড়ো দাদু কে (আনাথ নাথ ঘোষ)

বিষয়বস্তু

বিষয়বস্তু

ভূমিকা

বইটিতে সমস্ত মাঝরাতের চিন্তায় সৃষ্টি সমস্ত লেখা গুলিকে একত্রীত করলাম। ভালোর

চেয়ে যে উপলব্ধি গুলো হয়েছে সেগুলই একজায়গায় করছি । একান্ত উপলব্ধির সথে যখন

অন্য কারোর উপলব্ধি একাকার হয়েযায় তাতেই লেখার এবং লেখকের সাফল্য । শুধুমাত্র বাস্তব আয়না টা

কে তুলে ধরার চেষ্টা করলাম ।

মাঝরাত

মাঝরাত , নিকোটিন যেন সমার্থক !

কঠিন বাস্তব যেমন খাদ্য, খাদক ,

তৃপ্তির খোঁজ যেন বিলাসিতা !

তবু প্রচণ্ড আঘাত কিরকম আজ বৃথা ।

আঘাত আর আঘাত হানেনা !

মন আর চিন্তা মানেনা।

শৈশব

শিশু সুলভ আচরণ আরনেই ,

শিক্ষা ব্যাবস্থা মুখথুবড়ে গেছে।

শিশু স্কুলে আর শিক্ষানিতে যায়না।

ক্ষুধার্ত পেট শুধুই ভাত যাচে।

মিড- ডে – মিল , যেন লোভের আঁতুড় ঘর !

হলরুমে যেন শুধুই অত্যাচার ,

ডিম পেলে যেন বিয়ে বাড়ি ,

ছিনিয়ে খেলে উপহার শুধুই প্রহার ।

প্রাচীন ঋষি এখন বাথরুমে গাঁজা খায় –

ভবিষ্যতের অভিনেতা আজ বন্য !

শৈশব শুধু ভাত খেতে চায় ,

নাপেলে রাস্তা খোঁজে অন্য ।

বদনাম

ধর্মগুরু সিংহাসনে বসে ,

শিষ্যারা সব দিচ্ছে বাতাশ গায় ।

গরিব রামু পা জড়িয়ে আছে ।

যদি সে সোনার পাখর পায় !

গুরুর মেজাজ বড্ড ফুরফুরে ,

ঠোঁটে পরছে গরম গরম ঘাম –

গুরু তবু উপরেই বসে আছে !

বেকার বেকার ধর্মের বদনাম ।

স্বপ্ন

হঠাৎ করে স্বপ্ন ভেঙে গেলো ,

চোখ খুলে সবই অন্ধকার !

স্বপ্নটাই ছিলো বেশ ভালো ,

নামতে পারতোনা আঁধার ।

আবছা কিন্তু খুবই স্পষ্ট যেন !

ভয় নেই কেউ ছেড়ে যাওয়ার ।

চোখ খুললেই সব বিভীষিকা !

চোখের সামনে দুঃস্বপ্ন আবার ।

তৃপ্তি

তৃপ্তির স্নেহচুম্বন ওষ্ঠের চেয়ে –
কপালে বেশি মানানসই,
তৃপ্তি তো সেখানেই ,
যেখানে, জড়িয়ে ধরলে
হৃদয় , হৃদয় কে স্পর্শ করে ,
আহ কি শান্তি !
কি আনন্দ!
কি বিস্ময় !
কী তৃপ্তি।
লালসা পূর্ণ দেহের –
যেখানে খ্নিদে নেই,
কামুকতা যেখানে দমন করতেই হয়না ।
বীভৎস ও ভয়ানক দুটি মন ,
একে অপরকে ছোয় –
চুমু এঁকে দেয়
আহ কি তৃপ্তি !

দেশ

দেশ তো ওর ও এটা ,
তারালে কেনো ওকে ?
যে পিসির বাড়ি থেকে এক সপ্তাহ আগে !
না না চারদিন আগে ও ঘুরে এসেছিলো,
তা নাকি এখন পূর্ব পাকিস্থান ,
যেতে গেলে নাকি নিতে হবে অনুমতি ?
হা হা জানেনা ওরা
বম্বুর কতো লম্বা হাত ,
পদ্মা কেনে জলের দরে ,
ঝুড়ি ভর্তি মাছ , সবজি
কিছুরই নেই অভাব
আছে অভাব শুধুই গলার স্বরের ,
ছোট্ট ভাইপো আর চায়না মাছের মুরো,
শুনতে চায়না গল্প বাঘের ,
বাঘ হয়ে সে যাবে ওই পারে ,
দিবা স্বপ্ন এখন দেখে সারা রাত।
থাকবেনা আইন থাকবেনা বেড়াজাল ,
ওই একদিন ধরবে দেশের হাল ।

নোটিফিকেশান

সমস্ত মনখারাপের কারন গুলো কে –
যখন এক ই সুততে গাঁথার চেষ্টা চলে ,
সব কিরকম এলোমেলো হয়ে যায়,
হৃদয়ে জেগে ওঠা অগ্নিস্ফুলিঙ্গ,
হওয়ায় এসে মিলিয়ে যায় ,
হমম ওই ঠিক হোয়াটসঅ্যাপ নোটিফিকেশন এর মতো!
পৌঁছাবেই বা কি ভাবে ?
ফোন তো মিউট।

মানে

একটি তারার খোঁজে নাবিক দেখে আকাশ ,
তারা খসা কতো ভয়ানক সে জানে ।
প্রতিনিয়ত ধুঁকছে কতো তারা
কতোজন ই বা মানে ?
ব্রহ্মাণ্ডের বিশাল সমুদ্র মাঝে –
প্রতিনিয়ত খসছে কতো তারা ,
নাবিক যদি রাখতো সেসব খোঁজ ,
নিজেই হয়ে যেতো দিশেহারা!
অন্ধকার ঘর সবারই প্রিয়
রাতের আকাশ সুন্দর সবাই জানে ,
আত্মহত্যা সেখানে বিলাসিতা,
যেখানে নেই বেঁচে থাকার মানে ।

সমার্থক

শুষ্ক শীতে পাতা ঝরা স্বাভাবিক,
কুয়াশাচ্ছন্ন ভোর,
আলোর গতি ও হার মানে,
কিন্তু এই অন্ধকারের পরেই না না পড়ে নয়,
এই কুয়াশাচ্ছন্ন ভোরেই আম্র মুকুলের জন্ম
আর তারপর বসন্ত জার সমার্থক প্রেম।

দোষী

হ্যা মিথ্যে টা না বললেও হতো,
কিন্তু ক্ষত লুকাতে এটাই জরুরি ছিলো,
যাতে নিজেকে শান্তনা দেওয়া যায় !
হ্যা আমি ঠিক আছি ,
মুখের হাসি টা মুখোশ বুঝেছিলে?
এক দোষে ভয়ানক জীবিত মৃত্যু দণ্ড,
কাঠগড়ায় দাঁড়িয়ে পক্ষও রাখতে পারিনি আমি,
তোমার মতে আমি দোষী ,
কিন্তু তুমি ?

নক্ষত্র

আকাশের লক্ষ তারার মাঝে
আছে এক একলা তারা ,
বড্ড একা সে !
রাতে অগুনতি নক্ষত্রের মাঝে
উজ্জ্বলিত তার দীপ্তি।
কিন্তু তথাকথিত দিন ,
তার জীবনে রাত্রির কারন হয়ে দাঁড়ায়।
হারিয়ে যায় সে,
বৃহৎ নক্ষত্রের মাঝে সে খুব ই ক্ষুদ্র ,
নিতান্তই নগণ্য ।

স্মৃতি

প্রথম প্রেমে তুই,

তার পরে অন্ধকার,

প্রথম বৃষ্টি তে ভেজার স্বাদ,

তারপরেই আর্তনাদ,

ঘুম ছাড়া জোৎস্না রাত,

জানো অমাবশ্যার হাতছানি,

নির্দ্বিধায় প্ররোচনা কে বার বার ডেকে আনে!

কতো প্রেম কতো স্মৃতি!

কতো বিষাদে ভরা,

কতো আনন্দ, কতো টান ছিলো পাগলকরা!

হ্যাঁ ছিলো ।

রাত

জোনাকি রা রাতে আমার ঘরে আসে,

রাতের আকাশ বাড়ায় মনোবল,

অবসাদের হতাশার কারন ওরা !

মস্তিষ্ক প্রচন্ড সচল।

উপায়

একা তো সবাই,

তুমি, আমি আর ওই নক্ষত্র গুলো,

জ্বলন্ত অগ্নেও গিরী এদের মস্তিষ্ক,

চিন্তা দের সময় নেই অন্য চিন্তা করার। লক্ষ স্থির নয়,

প্রতিনিয়ত পরিবর্তনশীল !

চেষ্টা করা বৃথা

অবসাদ যেনো সময় নষ্ট !

চিন্তা না করার ছলনা,

যেমন ছলনায় আমি আগেই পা কেটেছিলাম, সে বলেনি ঠিকই
আমার জন্য তার অফুরন্ত প্রেম! তবে বুঝেছিলাম আমি

তখনও নক্ষত্র একা ছিলো,

আমি শুধু নিজেকে তার ভেবেছিলাম,

নক্ষত্র দের চিৎকার করে বলেছিলাম দেখো সে আমার শুধু
আমার, পারবেনা নিতে তুমি কেরে

আজ আমার সাথে শুধু নক্ষত্ররাই আছে।

না তারা পারেনি নিতে কেরে ঘৃণার জ্বলন্ত অগ্নিকুন্ডে প্রতিনিয়ত
সে হচ্ছে পুড়ে ছাই, শুধু আমার নেই উপায়।

আজকেও সে আমার ।

পাহাড়

পাহাড়ের বুকে চিৎকার করে দেখো,

চারিদিকে ছড়িয়ে দেবে আর্তনাদ,

পাহাড় কে ভালোবেসে দেখো,

পাহাড় শুধু মাত্র তোমার, রাতের অন্ধকারে পাহাড়ে ঠান্ডা নামে ,

উষ্ণ শরীর ধুনি তে উষ্ণ হয়,

অতীত গুলো ঠান্ডা তেও উম যেনো হৃদয় মরে নিষ্ঠুর বর্বরতায়,

বাঁচতে দিও যদি পারো!

মারতে পারো যদি ইচ্ছা হয় । আমি বাঁচবো আমার স্মৃতির
পাহাড় নিয়ে,

শরীর ধোবো কান্নার ঝর্ণায়।

সমার্থক

তৃপ্তির খোঁজ শরীরের মাঝে খুঁজে পাওয়া কত সহজ,

হাত আর হাতের খোঁজ করেনা,

ঠোঁট আর কপাল খোঁজেনা !

পাশবিক উত্তেজনা দমন বড়ো কঠিন।

প্রেম আর শরীর যেনো সমার্থক,

বেচারা ভালোবাসা আজ খুবই বেরোঙিন।

অপ্রত্যাশিত

আকাশ যেন আজ অচেনা,

ঝলমলে রোদ!

সূর্য পূর্ব থেকে মধ্য গগনের দিকে যেনো ছুটছে,

হঠাৎ থম থমে পরিবেশ,

মেঘলা আকাশ,

অপ্রত্যাশিত?

না! একদমই না,

এটাই তো বাস্তব,

যজ্ঞাগ্নি তেও তো জল ঢালতেই হয়, ফুর ফুরে হেমন্তের পরেও তো
শুষ্ক শীত,

আবার!

যার কুয়াশায় জন্মায় আম্রমুকুল, জীবনের রথ ও খানিকটা
এরকম, অমাবস্যা টাই সত্য, বাকি গুলো তো শুধুই প্রত্যাশা

যুদ্ধ

তোমরা কেবল যুদ্ধ করো ঢাল তলোয়ার নিয়ে,

আমিও কিন্তু যুদ্ধ করি বাতি টা নিভিয়ে। সৈন্য আছে,মন্ত্রী আছে,
যোদ্ধা আছে তোমার,

আমার আবার একার লড়াই,

দুঃসহ পারাপার।

লড়ছে মাথা মনের সথে,

ব্যাথা করছে শিরদাঁড়াতে,

হাত, পা অবশ

কিন্তু মনন? অবাধ চলন তার,

কিন্তু যদি হঠাৎ করে মনন মারে শিরের শিরে?

বুদ্ধ এসে হঠাৎ করে ধরবে শিরের হাত,

বোঝাবে শিরের শিওরে বসে,

একটু খানি আলতো হেঁসে,

আল্লাহ বলেন লোকের কথা শুনেচলা দরকার,

অমনি মনন বলে ওঠে চোট লেগেছে মনের ঠোঁটে,

তবুও আজ বলবো আমি, বলাটা দরকার।

শুনবো যদি লোকের কথা, হবে মনের মাথা ব্যথা,

চাকরি করো, চাকর হওয়া খুবজে দরকার।

কেউ বলে উস্কে আবার, হয়েছো ছেলে দরকার টাকার,

টাকা ছাড়া এই জগতে মেয়ে যে পাওয়া ভার।

নানক তখন গোস্ত নিয়ে ঝগড়া করে গলা উঁচিয়ে,

পাসথেকে কানু গোয়ালা বলে আর একটু ঝাল দরকার,

আম্মা তখন বলে ওঠে, মনের কাছে দৌড়ে ছুটে –

যুদ্ধ থামাও......ভালোবাসো, সবাই একটু কাছে এসো,

খ্রীষ্টের এখন একটু সিল্নির দরকার। ওরা যদি নিজের শোনে,

হিন্দু, মোল্লা ভেদ রাখেনে তবে তুমি মানোনা কেন?

বোঝোনা কেনো? সব সময়ই নিজের কথা শোনার দরকার।

বলুক ওরা চাকরি হারা,

খাচ্ছে বাপের টাকায়,

সময় এলে সময় করে সময় সবই শেখায়।

অপ্রত্যাশিত

জীবনের রূঢ় তত্ত্ব খোঁজার প্রচেষ্টা বুঝি?

আলিঙ্গন প্রয়োজন না চুম্বন ?

লড়াই টা তো সেখানেই,

সূর্যোদয় এর সঙ্গে ভুলে যাওয়া রাতের স্মৃতি! কারন গুলোই
অস্পষ্ট,

খুব অস্পষ্ট,

নিবিড়তা নেই,

নেই সম্পূর্নতা!

সব কিছুই অপ্রত্যাশিত।

ক্ষুদ্র

ক্ষুদ্র!

না তা কিন্তু নয়,

দূর থেকে এমন মনে হওয়া টা স্বাভাবিক, কালো আকাশের নিজে
উজ্জ্বল চাঁদ, শুধু পূর্ণিমা তেই –

বাকি সময় ওই উত্তর আকাশে তাকিও অরুন্ধতী কে দেখতে
পাবে,

ক্ষুদ্র

না তারা নক্ষত্র,

বহু আলোকবর্ষ দূর থেকে,

নিজের চেষ্টায় উজ্জ্বলিত, ভাগ্য যার কাছে নিহত।

বর্বর

প্রচন্ড পরিমান বর্বরতায় জর্জরিত সমাজ,

শাড়ির পাস থেকে দেখতে পাওয়া পেটের খাঁজ,

আজ লোকানোর জন্য যথেষ্ট!

পাশবিক ইচ্ছাকে সান্তনা দেওয়ার ক্ষেত্রে সম্ভব, সমস্ত ভুলের দায়
অনায়াসে চাপিয়ে দেওয়াযায়,

পোশাকের অছিলায়,

উলঙ্গো শরীর ঢাকতে চাওয়া মিথ্যে প্রচেষ্টা পারলে কি ঢাকা
যেতনা ?

রাত্রি বেলা খাটের শব্দ বন্ধ করে লাভ নেই,

পারলে বন্ধ হোক লোকানো ক্যামেরা,

যাতে উলঙ্গ সেই পাশবিক শরীর

গণমাধ্যম এ না ছড়ায়,

কোনো প্রাণ নিজেকে দড়িতে না জড়ায়।

পবিত্র প্রেম কামুকতার হলাহল পান বন্ধ করুক,

প্রেম হোক, পবিত্রতায় ।

হত্যা

রাত বিরেতে ভূত এর ভয়ে, ঘরে খিল দাও তুমি?

এদিকে তোমার স্বজন –

ধারালো ফলা যুক্ত ছুরি নিয়ে তৈরি,

না, সবজি নয় !

তোমায় আঘাতের জন্য।

প্রাণোচ্ছল জীবনী শক্তির ক্ষণকে হত্যার লোভে,

যা হয়তো আগে গর্ভপাত করালেই হয়ে যেতো।

দালাল

মেহনতি বড়ো মেহনত করে,

খায়না ঘুষের টাকায়, আঁকিয়ে শিল্পে, বড়ই নিপুন

পট্রেট ছবি আঁকায়, বড়ো কবি বেশ পাচ্ছে বাহবা,

বই মেলা তে গিয়ে

মিছা মিছি মেজদা করে ঝেমেলা, জমি নিয়ে!

সব পেশাতেই সম্মান টা কম বেশি আছে, রাত বাড়লে বড়ো
শিল্পী যাবেই বেশ্যার কাছে,

জমির দালালি,বা বিট কয়েন সবই উচু দরের,

আমলার পা চাটা লোকটা কিন্তু রাতে শুতে যায় এসি ঘরে,

দালাল সবাই তুমি আমি,

পণ্যের বা মালের,

কেউ মেটায় বউয়ের খিদে,

কেউবা মেটায় খিদে মাতালের,যে পরে থাকে ঘরে। থাক সে ঘরে
পাক সে খাবার,

খাবার যোগান তিনি,

কিন্তু! মূল্য ?

ফেরা

পেয়ালা পুরো খালি,

মদের জায়গা বায়ু এসে নিয়েছে দখল করে।

আমি ঘুমোতে যাবো ভোরে।

শরীরে যৌনতা নেই খালি,

নিকোটিন এর চোখে পরুক বালি, আছে অনেক আঘাত ভরা।

হোক না দেরি আনতে বরফ, ততক্ষন বায়ু মেটাক শূন্যতা।

খানিক্ষণ নয় বন্ধ হলো নেশা, ঘর থেকে কাটুক সিগারেট এর
গন্ধটা।

মনের থেকে তোমায় শুধু যায়না আলাদা করা।

শুধু তুমি তুমি করা, পিয়ারীর ও আজ অপছন্দ,

শুধু ওর শরীর থাকে যায়নি শ্রীকান্তর গায়ের গন্ধ।

তাই আমিও নিলাম পন,

ভুলবো তোমায়, রাখবনা আর প্রত্যাশা তোমার থেকে,

এই যাঃ,এসব বলতে গিয়ে নেশাই কেটে গেলো,

আবার চললুম সরাই খানা –

ফিরতে জীবন ছন্দে তে।।

মরে বাঁচা

নদীর ধারে দাঁড়িয়ে আছে ছোট্ট একটা মেয়ে,

চুল গুলো কোঁকড়ানো,আর তেল পড়ছে মাথা বেয়ে।

বাবা বেঁধে দিয়েছে চুলটা,টান টান করে,

মেয়ে ভাবে মা বুঝি বেঁচেই গেছে মরে।

সন্ধ্যে হলে বাবা মেয়ে কে মা বলে ডাকে।

ডাকে,"মারে আয়রে ঘরে,

নদীর ধারে দাঁড়াসনা।

আয় দুজনে নুন রুটি খাই,

তুই তো মারভাত খাস না।" "নিকুচি করেছে, নুন রুটি তুমি
খেগে যাও আমি থাবো চানাচুর মুড়ি,

আমার খাবার এর সাথেই কোনো হবে এতো জোড়া জুরি"।

"ওরে মাগী বুঝিসনা কেনো? খেয়েছিস তো মা এর মাথা, এবার
থা আমার মাথা, তবে যদি জুড়োয় তোর ব্যাথা।

ওই খানকী মাগী রেখে গেলো ফেলে তোকে আমার কাছে।

মেরে দেবো তোরে টুটি চেপে ধরে,

তবে যদি মাগী বাঁচে।'

শান্ত মেয়ের চোখ দুটো যেনো আরো শান্ত হয়ে ওঠে,

বলে "বাবা আমি আছি তো তুমি চিন্তা কোরোনা মোটে।"

বাবার চোখের দুধার দিয়ে তখন পানি ঝরে। বাবা বলে 'তোর
মা বেঁচেই গেছে মরে"।

অতীত

ফোনে রিংটোন এখনো বাজে,

হোয়াটস্যাপ এ নোটিফিকেশন এখনো আসে,

শুধু এখন নম্বর গুলো বদলেছে,

আগে ফাস্ট চ্যাট এ তুই ছিলি, এখন ডিপি দেখতে হলে খুঁজতে হয়,

এখন ফেসবুকে মেনশন করার আগে তুই অন্য কারোর,আমায় বুঝতে হয়।

এখন তোর কাছে অন্য কারোর কল – আমার চেয়ে জরুরি হয়।

এখনো ঠাকুর ঘরে প্রদীপ জ্বলে,

অতীতের তুই আজও আমার সথে রোজ কথা বলে।

হাপর

তপ্ত লোহা তপ্ত করো,

টানতে থাকো হাপর,

ঠুক ঠাক তো সবাই করে,

কিন্তু তাঁতী ই বানায় কাপড়।

দে সুখটান কোলকে তে তুই,

বল ভোলে বোম বোম,

হেরোইন এখন সবাই টানে,

বোম্বে থেকে রোম।

পারলে দে টান জয়েন্ট এ তে,

অথবা দে ছিলাম এ ফু,

হতেই পারে লাঙ্গ ক্যান্সার!

তখন খেও চিকেন স্টু।

জ্বলবে গলা, বুক ও হৃদয় এক ই সাথে তোমার,

সবাই বলবে নেশাখোর,

দোষ তো মা বাবার,

পারতোনা কি আটকাতে?

যদি চাইতো ওরা,

প্রেম তোমার ব্যস্ত তখন,

বিয়ে যে তার

রাজ পুত্তুর এসেছে নিয়ে ঘোড়া।

ভুলে যাবে সে কাটানো সময়,

বৃষ্টি ভেজা দুপুর,

পার্ক জুড়ে দৌড়া দৌড়ি,

তাখই তাখই নূপুর।

খুশি থাক সে, ভালোবাসা পাক,

পাক আশীর্বাদ সবার,

জ্বলবে গলা বুক ও হৃদয় একই সাথে আবার।

এবার কিন্তু ক্যান্সার নয়, কারন আগেই সেসব শেষ,

তোমার পায়ের কাছে নিয়তি,

আজ তার বিধবার বেশ।

ঠোঁটে তোমার আলতো হাঁসি এখনো যেনো লেগে,

লাবণ্যে ভরা প্রাণ বেঁচেছে প্রাণ ভিক্ষা মেগে।

আস্তে করে লোহাটা ধরে ঢোকালো চুল্লিতে,

প্রেম তোমার খাচ্ছে থাবার,

লাল টুক টুকে সিথে,

হটাং করে ফেসবুক টা যেই করেছে স্ক্রোল,

মুহূর্তে সে মূর্ছা গিয়ে বাঁধালো সোর গোল।

এখন তুমি জ্বলেছো চিতায়,

প্রেমের বুকে ও পিঠে আত্মীয় দের চাপড়,

এখনও কিন্তু ব্যস্ত কামার,

টানতে ভাগ্য হাপর।।

পার্থক্য

দুটো বছর কেটেই গেছে প্রায়,

এখনো বিকেল এর পরেই সন্ধ্যে হয়।

খালি সিঁথি এখন সিঁদুরে ভরা, শাঁখা পলায় হাত ভরাট করা,

তবে এখন আর লাস্ট সীন দেখিনা, দেখিনা দেখলে কিনা আমার
স্ট্যাটাস,

এখন সঙ্গী অমাবস্যায় চাঁদ মামা, সে কিন্তু করেনা আমায়
নিরাশ,

যদিও দেখতে পাইনা আমি তাকে, তবু সে আছে আমি জানি।

ঠিক যেমন আমার ভালোবাসা, মেঘলা রাতে তারাদের হাতছানি।।

নেশা

শব্দ বানানো এখন খুবই কঠিন,

ছন্দ মেলানো আরো দুঃসহ,

সঙ্গী এখন শুধুই নিকোটিন, চারিদিকে থেরাপির অহরহ।

ঘুমাতে গেলেই জাগরিত বিভাবরী,

স্লীপিং পিল গলা পর্যন্ত ভরা,

তখনো শুধু সঙ্গী নিকোটিন, বেঁচে আছে জীবন্ত এক মরা।

উৎসবে তে সবার বাড়ি আলো,

আমি বলি ঘর অন্ধকার ভালো,

আর বলে ওই নষ্ট বেশ্যারা, কারোর উৎসব অন্ধকারে কাটে,

কারো আবার দামি হুক্কা বারে,

ওদেরও কিন্তু সঙ্গী নিকোটিন, নেশাই শুধু ওদের মেলাতে পারে।।